Alexander Pushkin

Александр Пушкин

A Captive Finch

НЕВОЛЬНЫЙ ЧИЖИК

*Pushkin's poems
translated
into English
by Leonid Bershidsky*

Стихи Пушкина
в переводе
на английский
Леонида Бершидского

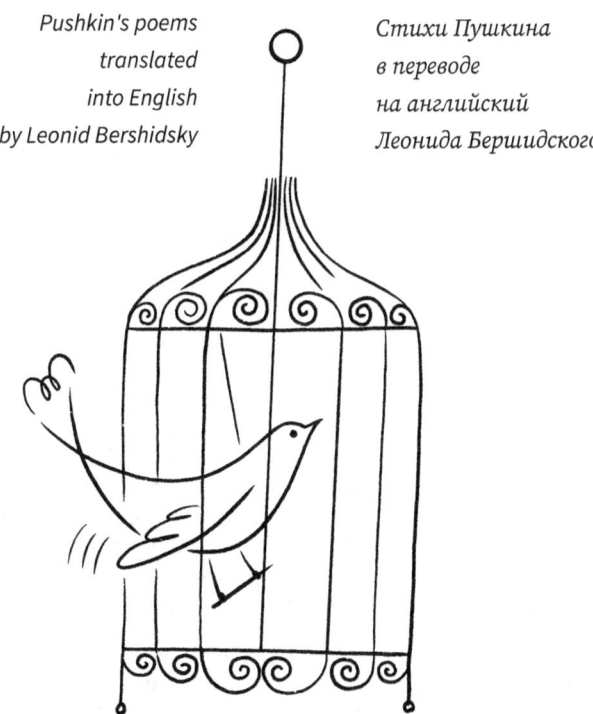

freedom
letters

Царское Село
2024

freedom letters

Web freedomletters.org
telegram freedomltrs
Instagram freedomletterspublishing

Издатель *Георгий Урушадзе*	Publisher *Georgy Urushadze*
Макет и обложка *Катерина Кожухова*	Layout and cover *Katerina Kozhukhova*
Технический директор *Владимир Харитонов*	Production *Vladimir Kharitonov*
Корректор *Наталья Иванова*	Proofreader *Natalia Ivanova*

Александр Пушкин. Невольный чижик / Перев. на англ. Леонида Бершидского; предисловие Татьяны Малкиной. Царское Село: Freedom Letters, 2024.

ISBN 978-1-77968-020-4

Alexander Pushkin. A Captive Finch / Translated by Leonid Bershidsky; preface by Tatiana Malkina. Tzarskoe Selo: Freedom Letters, 2024.

ISBN 978-1-77968-020-4

Леонид Бершидский перевёл Пушкина так, как будто он не национализирован Российской Федерацией, как будто он жив-здоров и пишет рэп.

Leonid Bershidsky translated Pushkin as if he hadn't been nationalized by the Russian Federation, as if he were alive, well and rapping.

© Леонид Бершидский, перевод, 2024
© Freedom Letters, 2024

© Leonid Bershidsky, translation, 2024
© Freedom Letters, 2024

***

His days of freedom long forgotten,
A captive finch above my head
Pecks at his grain and spills his water
And sings of joy that he's not dead.

                        Забыв и рощу и свободу,
                        Невольный чижик надо мной
                        Зерно клюет и брызжет воду,
                        И песнью тешится живой.

*** This is Pushkin's last poem.   *** Это последнее стихотворение Пушкина.

FOREWORD

I was lucky to be among the first readers of Bershidsky's Pushkin translations. They have delighted me. But, first things first, I've had incredible luck with Pushkin. It wouldn't be amiss to suggest that Pushkin has been stolen from Russian readers. He is officially jointly owned and exploited by the ministries of culture, education and defense, as well as the Russian Military Historical Society and other institutions of a sick state that mistreat and abuse him in every possible way as they try to co-opt him.

All of this, however, is water off a duck's back to Pushkin, who shrugs off every attempt to weaponize him. And if you were lucky at some point in your life to see him, to hear him, to read him properly — you're done for, it is love. And love is forever. I'll say it again: I have been lucky that way. I saw him and came to love him at a tender age and have never lived without him since. I come to Pushkin when I'm down and when I'm happy. Sometimes I think in Pushkin's lines. It can't be ruled out, by the way, that many of the abovementioned Pushkin abusers love him, too, in their own way. Because pretty much everyone who thinks in Russian thinks, to an extent, in Pushkin's verse.

I'm willing to bet my right arm that of the many people who have never read "Evgeny Onegin", an overwhelming majority has nevertheless quoted it in some context or another. At the dawn of post-Soviet entrepreneurship, a nail studio in Tver advertised itself with the slogan "One can be in a serious business and still in need of pretty nails." A plumber who broke my toilet commented philosophically, "We've all once had a go at learning, whatever we may think we learned." An old lady on a stoop heard her friends condemn a handsome widowed neighbor for marrying a younger woman and ruled in his favor: "To love all ages owe submission" (she couldn't have completed the quote, though).

Предисловие

Мне повезло быть одним из первых читателей переводов Пушкина, сделанных Бершидским. Эти переводы привели меня в восторг. Но для начала мне несказанно повезло с Пушкиным.

Пушкин как бы немного украден у читающих на русском языке: он официально находится в совместном владении и пользовании министерства культуры, министерства образования, министерства обороны, совета безопасности, российского военно-исторического общества и прочих институтов больного государства, которые всячески его насилуют, пытаются приспособить, использовать, приделать, водрузить на знамя.

Но Пушкину от этого, похоже, ничего не делается, попытки впонизировать его тем или иным образом ему — как с гуся вода. И если тебе повезло его все же однажды, неважно когда, увидеть, услышать, прочесть по-настоящему — то все, это любовь. Как всякая любовь — навсегда. Мне, повторюсь, повезло — я увидела и полюбила его в довольно нежном возрасте и с тех пор никогда без него не жила. Я прибегаю к Пушкину, когда мне плохо и когда мне хорошо. Иногда я им думаю. Совершенно, кстати, нельзя исключить даже и того, что многие из упомянутых выше насильников Пушкина вообще-то тоже его любят, как могут. Потому что вообще-то практически все люди, думающие на русском, в некоторой степени думают Пушкиным.

Можно давать руку на отсечение, что из множества людей, никогда в жизни не читавших «Евгения Онегина», подавляющее большинство тем не менее хотя бы однажды употребляли в повседневной жизни цитаты из него. Маникюрный салон в Твери на заре постсоветского предпринимательства завле-

A shabby, sweaty drunk on the train, whom I had just seen push his female companion rudely into a compartment and slam the door behind her, responded instantly to my shock by quipping, "The less in love we're with a woman, the more she's apt to do for us," — and then he hiccupped and gave me a salacious wink.

We are permeated with Pushkin; Pushkin is one of the materials we're made of—yes, we're made of "Evgeny Onegin", of Pushkin's poetry and prose, his fairy tales, his anecdotes, a nightmarish collection of his catch-phrases, his sideburns, his life and his death.

When my daughter was assigned the beloved "Captain's Daughter" at school for almost a year of thorough study, we decided to share the experience with my husband and her father, an American with quite a literary background and a taste for poetry and the written word in general. I found the most acclaimed, canonical English translation and we handed it to him, predicting that now he would surely get it. A few weeks went by, we saw him reading the book, but without enthusiasm. He was clearly not getting it at all.

We demanded an explanation and got it soon enough: Our American reader hit a snag almost immediately. The said snag was the expression "little father", which peppered the text. The translation of "batyushka", an old servant's homey honorific for his young master. In our astonishment, we made inquiries and found out that, indeed, this was the canonical rendering, recognized as such by the high priesthood of professional translation. Nothing else would do. My bilingual daughter and I spent months trying to come up with a more appropriate word for "batyushka", found an imperfect and by now unusable option in "Huckleberry Finn" and gave up trying to sell Pushkin to our in-house American.

I am no native speaker of English, merely a confident speaker. I am no translator, I just love Pushkin. He brings me joy. The kind of joy that I have invariably failed to find in English translations of Pushkin verse, regardless of whether they attempted to reproduce the meter and the melody of the original. I found that joy in Bershidsky's translations. It's not quite true, after all, that we speak the language of Pushkin—it was he, the irresponsible genius sent down to this vale of sorrow for who knows what sins, who by some miracle spoke the language we use to-

кал к себе слоганом «Быть можно дельным человеком и думать о красе ногтей». Сломавший унитаз сантехник философически обронил: «Мы все учились понемногу чему-нибудь и как-нибудь». Старушка у подъезда, защищая от злобных товарок импозантного вдовца-соседа, женившегося на молодой, твердо припечатала: «Любви все возрасты покорны» (не зная, впрочем, всей цитаты). Облезлый, потный и пьяный мужик, у меня на глазах грубо затолкавший свою спутницу в душное купе поезда, смачно закрыв за ней дверь, в ответ на мое изумление быстро сказал: «Чем меньше женщину мы любим, тем больше нам она того», икнул и сально подмигнул.

В общем, мы все пронизаны Пушкиным и частично состоим из него. Из «Евгения Онегина», стихов, прозы, сказок, андекдотов, кошмарного набора «крылатых фраз», его бакенбардов, жизни и смерти.

Как-то мы с дочерью, которая почти год в школе медленно читала обожаемую «Капитанскую дочку», решительно возмечтали приобщить к этому делу нашего американского мужа и отца, человека вполне литературного, образованного, знающего поэзию и ценящего слово. Я нашла признанный самым лучшим канонический перевод на английский, и мы торжественно вручили ему книгу со словами «Сейчас ты все поймешь».

Прошло несколько недель, мы видели, что книгу он читает, но как-то вяло и явно пока ничего не понял, и призвали его к ответу. Ответ нашелся быстро: наш американский читатель не справился и забуксовал почти сразу, а именно — с беспрестанно встречавшегося в книге обращения «little father». В смысле «батюшка». Мы стали наводить справки — и убедились в том, что, да, канонический перевод — то есть признанный жреческим сообществом профессиональных переводчиков вариант — именно таков. И никаких гвоздей. Помню, несколько месяцев мы с дочерью-билингвой пытались придумать более адекватный перевод «батюшки», нашли один старомодный вариант у Марка Твена и больше не пытались привить Пушкина американскому члену семьи.

day, a thoroughly modern one. My husband raced through the manuscript of this book and cried, "Yessss! NOW I get it!"

Today, I was trying to get out of the parking lot at a country market. The smart machine that can read license plates was broken, so a human was in charge of letting cars out—a man of indeterminate age, in camos and with a few teeth missing. He was trying different buttons nervously and chaotically. Drivers honked their horns, the man twitched. "Will the clumsy wounded warrior crash a beam upon my head?" I wondered as I approached the striped barrier. A Pushkin line, of course.

Tatiana Malkina
Moscow, 2024

Я не носитель, а лишь уверенный пользователь английского языка, я не переводчик, я просто Пушкина люблю. У меня от него счастье. Которого я до сих пор не находила ни в одном даже и не каноническом (то есть рифмованном и воспроизводящем размер и мелодию) переводе стихов Пушкина на английский. А вот в переводах Бершидского — нашла. Это ведь не столько мы говорим языком Пушкина, сколько он, безответственный гений, неизвестно откуда, кем и за что посланный в эту юдоль скорби, уже сразу говорил нашим языком. Абсолютно современным. Муж мой залпом прочел верстку книжки, которую вы держите в руках, и возопил: «Дааааа! Теперь я понял!!!»

Сегодня я пыталась выехать с парковки сельского рынка, где умный автомат, распознающий номер автомобиля, сломался, так что на выезде стоял живой человек неопределенного возраста, в камуфляже и без зубов. Он нервно и хаотично жал какие-то кнопки, чтобы выпустить скопившиеся машины. Водители гудели и ругались, человек дергался. Так, щас мне в лоб шлагбаум влепит непроворный инвалид, догалась я, подъезжая к полосатой палке. Пушкин, конечно же.

Татьяна Малкина

Москва, 2024

WATER AND WINE

At times, to cure the midday fever,
I draw some coolness from a stream;
Agreed, it's quite a stress-reliever
To hear the water splash — and dream.
But when a festive cup runs over
With foaming, lively, sparkling wine,
I almost weep with joy; stay sober
If that's your thing, — it isn't mine.

Let heavens curse the evil plotter
Who first conceived the sinful plan
To — wait for this! — cut wine with water,
The vilest outrage known to man.
Let all his kin this curse inherit
So they can never drink a drop
Or, glass of wine in hand, compare it
Obtusely to the crudest slop.

1815

ВОДА И ВИНО

Люблю я в полдень воспаленный
Прохладу черпать из ручья
И в роще тихой, отдаленной
Смотреть, как плещет в брег струя.
Когда ж вино в края поскачет,
Напенясь в чаше круговой,
Друзья, скажите, — кто не плачет,
Заране радуясь душой?

Да будет проклят дерзновенный,
Кто первый грешною рукой,
Нечестьем буйным ослепленный,
О страх!.. смесил вино с водой!
Да будет проклят род злодея!
Пускай не в силах будет пить,
Или, стаканами владея,
Лафит с цымлянским различить!

TO CHAADAEV

Of love and hope and private glory
We dreamed. It didn't last us long.
Our fun and games were transitory,
Like morning mist, and now they're gone.
There's one desire that still ignites us:
Oppressed by this despotic reign,
We hear in our impatient brain
The country's call, and it excites us.
We're breathless in anticipation
Of liberty's redeeming grace,
The way a promised sweet embrace
Becomes a lover's sole fixation.
While freedom sets our hearts alight
And while these hearts still live for honor,
For this great land we must unite
Our souls. It will yet shine upon her,
Our teasing, lucky star. I pray,
Do not lose faith: For all its troubles,
This land's bad dream will fall away
And upon tyranny's fresh rubble
Our names will be writ large that day.

1818

К ЧААДАЕВУ

Любви, надежды, тихой славы
Недолго нежил нас обман,
Исчезли юные забавы,
Как сон, как утренний туман;
Но в нас горит еще желанье;
Под гнетом власти роковой
Нетерпеливою душой
Отчизны внемлем призыванье.
Мы ждем с томленьем упованья
Минуты вольности святой,
Как ждет любовник молодой
Минуты верного свиданья.
Пока свободою горим,
Пока сердца для чести живы,
Мой друг, отчизне посвятим
Души прекрасные порывы!
Товарищ, верь: взойдет она,
Звезда пленительного счастья,
Россия вспрянет ото сна,
И на обломках самовластья
Напишут наши имена!

* * *

The flying mountain chain of clouds has tailed away;
Sad evening star, perhaps you've come to stay.
The faded plain, black cliffs, the drowsy little inlet
Are silver-plated by your ray that shimmers thinly.
I like this feeble light so high up in the sky:
It has awakened thoughts that slept but didn't die.
Familiar little star, I used to watch you dawning
Above a peaceful land that fills my heart with longing,
A land where poplars towered in the vales,
Dark cypresses and myrtle lined the trails
And midday waves seduced with their sweet rustle —
There, in the mountains, I once hid from the bustle
And dragged my indolence around above the sea
As shadows enveloped the huts and me.
There lived a girl who searched the night sky for your flicker.
She'd call you by her name and dare her friends to snicker.

1820

* * *

Редеет облаков летучая гряда;
Звезда печальная, вечерняя звезда,
Твой луч осеребрил увядшие равнины,
И дремлющий залив, и черных скал вершины;
Люблю твой слабый свет в небесной вышине:
Он думы разбудил, уснувшие во мне.
Я помню твой восход, знакомое светило,
Над мирною страной, где все для сердца мило,
Где стройны тополы в долинах вознеслись,
Где дремлет нежный мирт и темный кипарис,
И сладостно шумят полуденные волны.
Там некогда в горах, сердечной думы полный,
Над морем я влачил задумчивую лень,
Когда на хижины сходила ночи тень —
И дева юная во мгле тебя искала
И именем своим подругам называла.

TO A COQUETTE

You really did believe me, like
A wide-eyed girl from French pulp fiction!
A rake impaled on love's blunt spike —
It's such a bookish contradiction!
Look here: you're thirty, aren't you?
At any rate, you're not much older.
I'm over twenty. Through and through
I know society; I told you
That vows and tears just make me smile.
I've reached the stage where mischief bores me.
And in your case, it's been awhile
Since cheating thrilled you, so why score me?
We've grown so serious and cold,
No need old lessons to belabor:
We know true love is three weeks old
When it becomes a pointless labor.
Now, you and I were friends at first,
But boredom, chance, your jealous husband…
I acted like my heart would burst,
You acted shy, a bit reluctant.
We made a vow and then, alas,
We both forgot that awkward flush of
Flirtation. You soon made a pass
At your new love; I met Natasha.
We parted ways, and until now
We did just fine and all was proper.
There was no reason for a row
Till the arrangement came a cropper.

1821

КОКЕТКЕ

И вы поверить мне могли,
Как простодушная Аньеса?
В каком романе вы нашли,
Чтоб умер от любви повеса?
Послушайте: вам тридцать лет,
Да, тридцать лет — не многим боле.
Мне за двадцать; я видел свет,
Кружился долго в нем на воле;
Уж клятвы, слезы мне смешны;
Проказы утомить успели;
Вам также с вашей стороны
Измены, верно, надоели;
Остепенясь, мы охладели,
Некстати нам учиться вновь.
Мы знаем: вечная любовь
Живет едва ли три недели.
Сначала были мы друзья,
Но скука, случай, муж ревнивый...
Безумным притворился я,
И притворились вы стыдливой,
Мы поклялись... потом... увы!
Потом забыли клятву нашу;
Клеона полюбили вы,
А я наперсницу Наташу.
Мы разошлись; до этих пор
Все хорошо, благопристойно,
Могли б мы жить без дальних ссор
Опять и дружно и спокойно;

This morning, with some tragic heat,
You had to bring up all of it.
So once again I hear you speak
Of knightly love, romantic wooing,
Of jealousy, of all those doings—
Have mercy: I won't play. Indeed,
Not every poet is a kid.
In our declining years, why bother:
Let youthful passions go their way.
You watch your daughter have her day,
Meanwhile, I'll watch my younger brother.
Their life can still be lots of fun,
Where it will get them is a toss-up.
They can still love. But we are done:
All you and I can do is gossip.

1821

Но нет! сегодня поутру
Вы вдруг в трагическом жару
Седую воскресили древность —
Вы проповедуете вновь
Покойных рыцарей любовь,
Учтивый жар и грусть и ревность.
Помилуйте — нет, право нет.
Я не дитя, хоть и поэт.
Когда мы клонимся к закату,
Оставим юный пыл страстей —
Вы старшей дочери своей,
Я своему меньшому брату:
Им можно с жизнию шалить
И слезы впредь себе готовить;
Еще пристало им любить,
А нам уже пора злословить.

THE TENTH COMMANDMENT

To covet not my neighbor's things,
Such are, O Lord, Your stringent orders.
But my resolve, You know it falters,
Soon as my heart begins to sing.
My friend is safe from my predations,
I do not covet his estate,
His oxen — you can keep them, mate —
It's all a minimal temptation.
His house, his animals, his slave —
I do not care for these possessions.
But Lord, I'll make You a confession:
His pretty maid I'll always crave.
And if his wife's a lovely flower,
One worthy of an angel's kiss,
Not to resent my neighbor's bliss
May, Lord, well be beyond my power.
And who can keep his heart in check?
Who doesn't long for heaven's pleasures?
The lovelies are for us to treasure.
Try to resist — and you're a wreck.
I look at them, I sigh, I cower:
I know how I'm supposed to act,
My heart's desires I retract,
In secret, silently I suffer.

1821

ДЕСЯТАЯ ЗАПОВЕДЬ

Добра чужого не желать
Ты, боже, мне повелеваешь;
Но меру сил моих ты знаешь —
Мне ль нежным чувством управлять?
Обидеть друга не желаю,
И не хочу его села,
Не нужно мне его вола,
На все спокойно я взираю:
Ни дом его, ни скот, ни раб,
Не лестна мне вся благостыня.
Но ежели его рабыня,
Прелестна... Господи! я слаб!
И ежели его подруга
Мила, как ангел во плоти, —
О боже праведный! прости
Мне зависть ко блаженству друга.
Кто сердцем мог повелевать?
Кто раб усилий бесполезных?
Как можно не любить любезных?
Как райских благ не пожелать?
Смотрю, томлюся и вздыхаю,
Но строгий долг умею чтить,
Страшусь желаньям сердца льстить,
Молчу... и втайне я страдаю.

* * *

I have outlived my aspirations,
I'm disappointed in my dreams,
This is a hopeless lamentation
And from an empty heart it streams.

The flowers of my crown have wilted,
Torn by the biting winds of fate.
Discarded, jilted,
For all of this to end I wait.

So, blasted by the chilly barrage
Of an approaching winter storm,
Hangs on to final shreds of courage
A leaf, belated and forlorn.

1821

* * *

Я пережил свои желанья,
Я разлюбил свои мечты;
Остались мне одни страданья,
Плоды сердечной пустоты.

Под бурями судьбы жестокой
Увял цветущий мой венец —
Живу печальный, одинокий,
И жду: придет ли мой конец?

Так, поздним хладом пораженный,
Как бури слышен зимний свист,
Один на ветке обнаженной
Трепещет запоздалый лист!..

THE PRISONER

Behind iron bars in a dank prison cell
A captive young eagle, forever I dwell.
I watch as another one, flapping his wings,
Picks glumly at carrion, rips it and flings

Aside as he gazes up, catching my eye,
As if he were plotting the same thing as I.
He looks straight at me, and I hear in his call,
"My brother, it's time, fly away from it all.

We're birds of a feather, we're born to be free
We'll reach the blue line at the edge of the sea
We'll break through the clouds to the white mountain high
Where only the winds roam so freely — and I."

1822

Узник

Сижу за решеткой в темнице сырой.
Вскормленный в неволе орел молодой,
Мой грустный товарищ, махая крылом,
Кровавую пищу клюет под окном,

Клюет, и бросает, и смотрит в окно,
Как будто со мною задумал одно.
Зовет меня взглядом и криком своим
И вымолвить хочет: «Давай, улетим!

Мы вольные птицы; пора, брат, пора!
Туда, где за тучей белеет гора,
Туда, где синеют морские края,
Туда, где гуляем лишь ветер... да я!..»

* * *

A confidante of old-time sorcery
Who spun me yarns both whimsical and dreamy,
The springtime of my life gave you to me,
A time when play and daydreams flowed so freely.
I waited, and as night began to fall,
You used to show up with your merry wrinkles,
And sit down by my bed in your warm shawl,
A rattle in your hand. Your glasses twinkled.
You rocked me in my cradle, and you crooned
A song that kept a toddler captivated.
You left a panpipe by your magic tuned
Between my sheets. Its music never faded.
My early childhood passed, a fleeting dream.
But you still loved the reckless boy you'd tended,
And you were still the only muse for him.
And so, one night, a silent dream descended
On me. You didn't look the same at all—
You changed in such a stunning, lovely fashion!
Your smile, your eyes were now alive with passion!
Gone were the wrinkles and the cosy shawl:
Like whiffs of haze, a weightless flowing frock
Coiled 'round your half-translucent form. Your locks
Cascaded down, and a fragrant crown
Of flowers wrapped around your lovely forehead.
The rise and fall of breasts beneath your gown
The perfect line of yellow pearls distorted.

1822

* * *

Наперсница волшебной старины,
Друг вымыслов, игривых и печальных,
Тебя я знал во дни моей весны,
Во дни утех и снов первоначальных.
Я ждал тебя; в вечерней тишине
Являлась ты веселою старушкой,
И надо мной сидела в шушуне,
В больших очках и с резвою гремушкой.
Ты, детскую качая колыбель,
Мой юный слух напевами пленила
И меж пелен оставила свирель,
Которую сама заворожила.
Младенчество прошло, как легкий сон.
Ты отрока беспечного любила,
Средь важных муз тебя лишь помнил он,
И ты его тихонько посетила;
Но тот ли был твой образ, твой убор?
Как мило ты, как быстро изменилась!
Каким огнем улыбка оживилась!
Каким огнем блеснул приветный взор!
Покров, клубясь волною непослушной,
Чуть осенял твой стан полувоздушный;
Вся в локонах, обвитая венком,
Прелестницы глава благоухала;
Грудь белая под желтым жемчугом
Румянилась и тихо трепетала...

TO A FOREIGNER

I'm writing you a farewell letter
In words that you won't understand
So what? I offer more than chatter
Your kind attention to command.
My friend, until I wilt and perish
Away from you, and cease to feel,
It's you alone that I will cherish,
Whom else? I promise you I will.
I look and sound distinctly foreign,
But know you can still trust my heart
As you have trusted from the start
Though clueless of its deeper story.

1822

ИНОСТРАНКЕ

На языке, тебе невнятном,
Стихи прощальные пишу,
Но в заблуждении приятном
Вниманья твоего прошу:
Мой друг, доколе не увяну,
В разлуке чувство погубя,
Боготворить не перестану
Тебя, мой друг, одну тебя.
На чуждые черты взирая,
Верь только сердцу моему,
Как прежде верила ему,
Его страстей не понимая.

* * *

Will you forgive me all my jealous dreams,
My love's insane uncertainty and worry?
You're faithful to me, but you like, it seems,
To keep my anxious visions always stirring.
As ever, it's a mob scene when you're out,
But why are you so nice to every suitor?
Why, now with a tender smile, now with a pout,
Do you dispense false hopes, you heartless beauty?
Now that you own me and my mind is dazed,
You're confident of my unsettled feeling,
And so you never notice when I'm reeling,
Alone and silent in their lustful maze,
Excluded from their buzzing conversation.
No word for me, no glance… My callous friend!
I'd like to run, but there's no supplication
In your distracted eyes. It's a dead end.
And even when you see another beauty
Begin to flirt with me, you're always cool,
Just mockingly reproachful, and this fool
Wilts, with your snide indifference polluted.
And tell me: my old rival, when he caught
The two of us together, did he not
Wink at you as he greeted you so coyly?
What is he to you then? What sets him boiling
With jealousy when he sees me around?
In that immodest hour of fading light,
Half-dressed and home alone, why are you bound
To let him visit? Why is that all right?

1823

* * *

Простишь ли мне ревнивые мечты,
Моей любви безумное волненье?
Ты мне верна: зачем же любишь ты
Всегда пугать мое воображенье?
Окружена поклонников толпой,
Зачем для всех казаться хочешь милой,
И всех дарит надеждою пустой
Твой чудный взор, то нежный, то унылый?
Мной овладев, мне разум омрачив,
Уверена в любви моей несчастной,
Не видишь ты, когда, в толпе их страстной,
Беседы чужд, один и молчалив,
Терзаюсь я досадой одинокой;
Ни слова мне, ни взгляда... друг жестокой!
Хочу ль бежать, — с боязнью и мольбой
Твои глаза не следуют за мной.
Заводит ли красавица другая
Двусмысленный со мною разговор, —
Спокойна ты; веселый твой укор
Меня мертвит, любви не выражая.
Скажи еще: соперник вечный мой,
Наедине застав меня с тобой,
Зачем тебя приветствует лукаво?..
Что ж он тебе? Скажи, какое право
Имеет он бледнеть и ревновать?..
В нескромный час меж вечера и света,
Без матери, одна, полуодета,
Зачем его должна ты принимать?..

But I am loved. When we're alone together,
You are so tender, and your kisses burn
My lips, and it's quite clear that you return
My feelings as wholeheartedly as ever.
You mock my fears; of course, it's fully earned.
I'm loved, I do not doubt your words, believe me,
But can't you please stop torturing me so:
I am not sure, my darling, that you know
The depth of love and pain that never leave me.

* * *

Behold, a sower went forth to sow

I rose to sow the seeds of freedom
At night, before the stars were out.
The furrows of a barren fiefdom
Received the life I strewed about.
But my attempt to seed the desert
Was but a waste of time and effort,
For noble thought a hopeless rout.

Keep grazing humbly, peaceful nations,
You're deaf to honor's wake-up call.
To sheep, is freedom a temptation?
They're only there to shear or cull.
This will forever be your station:
A yoke with bells, a whip, a stall.

Но я любим... Наедине со мною
Ты так нежна! Лобзания твои
Так пламенны! Слова твоей любви
Так искренно полны твоей душою!
Тебе смешны мучения мои;
Но я любим, тебя я понимаю.
Мой милый друг, не мучь меня, молю:
Не знаешь ты, как сильно я люблю,
Не знаешь ты, как тяжко я страдаю.

1823

рус

* * *

Изыде сеятель сеяти семена своя

Свободы сеятель пустынный,
Я вышел рано, до звезды;
Рукою чистой и безвинной
В порабощенные бразды
Бросал живительное семя —
Но потерял я только время,
Благие мысли и труды...

Паситесь, мирные народы!
Вас не разбудит чести клич.
К чему стадам дары свободы?
Их должно резать или стричь.
Наследство их из рода в роды
Ярмо с гремушками да бич.

THE WAGON OF LIFE

Regardless of the load it carries,
The wagon always rolls with ease.
Its reckless driver never tarries:
He's old man Time, fast as a breeze.

We get on early in the morning,
Not caring if we break our necks.
Oblivious to every warning,
We yell, "Come on, let's see what's next!"

At midday, though, we're not as daring:
The gullies and the hills so steep
Have rattled us. It's getting scary.
We yell, "Go easy now, you creep!"

And yet the wagon keeps on rolling.
By dusk, we're used to it. We yawn.
Our heads obediently lolling,
We ride. Time whips the horses on.

1823

Телега жизни

Хоть тяжело подчас в ней бремя,
Телега на ходу легка;
Ямщик лихой, седое время,
Везет, не слезет с облучка.

С утра садимся мы в телегу;
Мы рады голову сломать
И, презирая лень и негу,
Кричим: пошел! Еб*на мать!

Но в полдень нет уж той отваги;
Порастрясло нас; нам страшней
И косогоры и овраги;
Кричим: полегче, дуралей!

Катит по-прежнему телега;
Под вечер мы привыкли к ней
И, дремля, едем до ночлега —
А время гонит лошадей.

* * *

The less in love we're with a woman,
The more she likes us in return,
And thus the surer is her doom in
The webs we spin without concern.
Cold-blooded filth, once celebrated
As love done right, was overrated:
A self-promoting version of
Gratification without love.
These days, this form of vain amusement
Is but an aging monkey's toy
Left over from a time gone by:
The womanizers who abused it
Have gone the way of lacy rigs,
Red buckled shoes and powdered wigs.

1824–1825

* * *

Чем меньше женщину мы любим,
Тем легче нравимся мы ей
И тем ее вернее губим
Средь обольстительных сетей.
Разврат, бывало, хладнокровный
Наукой славился любовной,
Сам о себе везде трубя
И наслаждаясь не любя.
Но эта важная забава
Достойна старых обезьян
Хваленых дедовских времян:
Ловласов обветшала слава
Со славой красных каблуков
И величавых париков.

* * *

My talisman, watch over me
In bitter times of persecution,
In times of strife and disillusion,
A keepsake of my misery.

When I am tossed about at sea
By roaring waves so steeply rising,
When thunderclouds burst out with lightning,
My talisman, watch over me.

When to a foreign land I flee
And when I'm in repose and settled
And in the restless flames of battle
My talisman, watch over me.

The sweetest sacred mystery,
The light that in my soul was shining
Betrayed me and went into hiding…
My talisman, watch over me.

So let no careless memory
Sneak in to set my wounds on fire.
Farewell to hope, goodbye, desire.
My talisman, watch over me.

1825

* * *

Храни меня, мой талисман,
Храни меня во дни гоненья,
Во дни раскаянья, волненья:
Ты в день печали был мне дан.

Когда подымет океан
Вокруг меня валы ревучи,
Когда грозою грянут тучи —
Храни меня, мой талисман.

В уединеньи чуждых стран,
На лоне скучного покоя,
В тревоге пламенного боя
Храни меня, мой талисман.

Священный сладостный обман,
Души волшебное светило...
Оно сокрылось, изменило...
Храни меня, мой талисман.

Пускай же ввек сердечных ран
Не растравит воспоминанье.
Прощай, надежда; спи, желанье;
Храни меня, мой талисман.

TO * * *

I still recall the wondrous second
When you first came into my sight
And like a fleeting vision beckoned,
Like an unspoiled and lovely sprite.

To hopeless sadness I surrendered
Amid life's worry and malaise,
But long I heard your voice so tender
And filled my dreams with your sweet face.

Time flew. I was a poor defender
Of dreams by ruthless gales displaced,
And I forgot your voice so tender,
Lost sight of your celestial face.

In banishment, in bleak stagnation
My uneventful days dragged on:
No deity, no inspiration,
No tears, no life, no love — all gone.

But suddenly my soul awakened:
Again you came into my sight
And like a fleeting vision beckoned,
Like an unspoiled and lovely sprite.

1825

К * * *

Я помню чудное мгновенье:
Передо мной явилась ты,
Как мимолетное виденье,
Как гений чистой красоты.

В томленьях грусти безнадежной,
В тревогах шумной суеты,
Звучал мне долго голос нежный
И снились милые черты.

Шли годы. Бурь порыв мятежный
Рассеял прежние мечты,
И я забыл твой голос нежный,
Твои небесные черты.

В глуши, во мраке заточенья
Тянулись тихо дни мои
Без божества, без вдохновенья,
Без слез, без жизни, без любви.

Душе настало пробужденье:
И вот опять явилась ты,
Как мимолетное виденье,
Как гений чистой красоты.

My heart's alive with jubilation.
This is the resurrection of
My deity, my inspiration,
My life, my tears and yes, my love.

THE BACCHIC SONG

So why has the party gone dead?
It's time for the old drinking song now,
So here's to our girls who are gone now,
And here's to the women who came in their stead.
So take off those class rings, my brothers,
They go in your cups,
And now—bottoms up!
No stopping us—time for another.
Let's raise up our glasses and bring them together,
Let muses and reason sustain us forever!
Shine brightly now, dawn's holy light.
And just like the lamp fades to pallor
Before this new morn's early bright,
False wisdom will shed all its bogus bright colors,
Exposed by the brilliant mind.
So long live the sun, and let no one be blind!

И сердце бьется в упоенье,
И для него воскресли вновь
И божество, и вдохновенье,
И жизнь, и слезы, и любовь.

1825

ВАКХИЧЕСКАЯ ПЕСНЯ

Что смолкнул веселия глас?
Раздайтесь, вакхальны припевы!
Да здравствуют нежные девы
И юные жены, любившие нас!
Полнее стакан наливайте!
На звонкое дно
В густое вино
Заветные кольца бросайте!
Подымем стаканы, содвинем их разом!
Да здравствуют музы, да здравствует разум!
Ты, солнце святое, гори!
Как эта лампада бледнеет
Пред ясным восходом зари,
Так ложная мудрость мерцает и тлеет
Пред солнцем бессмертным ума.
Да здравствует солнце, да скроется тьма!

CRAVING FAME

When I, with tenderness and love intoxicated,
Kneeled speechless at your feet and looked at you, elated
That you belonged to me,—well, you should know, my love,
Acclaim was not the gift I wanted from above.
Away from frivolous society's distractions,
What was a poet's fame? A tedious abstraction.
Tired of the endless storms, I was completely numb
To praise or censure: They were both a distant hum.
And why should I have cared about how gossip judged me
With you there by my side? Sometimes you'd gently nudge me
And give me that long look of yours, and whisper, "So,
You always say you love me. Are you happy, though?
Is this the best you've ever felt—when we're together?
Will you forget me or remember me forever?"
I was too shy to answer anything to this
And way too carefree in my never-ending bliss.
With you, I felt as though there would be no tomorrow,
No parting day with its inevitable sorrow.
I turned out to be wrong. Betrayed and slandered, I
Just stand here clueless: should I live or should I die?
I'm like a nomad in a desert, hit by lightning,
And everything's gone dark around me, and I'm fighting
A new desire, one that I never felt before:
It's notoriety I want now so that your
Ears are assaulted with my name at every corner,
So you're surrounded with the ever-droning murmur
Of all the voices that discuss no one but me.
I want to leave you with no easy way to flee

1825

ЖЕЛАНИЕ СЛАВЫ

Когда, любовию и негой упоенный,
Безмолвно пред тобой коленопреклоненный,
Я на тебя глядел и думал: ты моя, —
Ты знаешь, милая, желал ли славы я;
Ты знаешь: удален от ветреного света,
Скучая суетным прозванием поэта,
Устав от долгих бурь, я вовсе не внимал
Жужжанью дальному упреков и похвал.
Могли ль меня молвы тревожить приговоры,
Когда, склонив ко мне томительные взоры
И руку на главу мне тихо наложив,
Шептала ты: скажи, ты любишь, ты счастлив?
Другую, как меня, скажи, любить не будешь?
Ты никогда, мой друг, меня не позабудешь?
А я стесненное молчание хранил,
Я наслаждением весь полон был, я мнил,
Что нет грядущего, что грозный день разлуки
Не придет никогда... И что же? Слезы, муки,
Измены, клевета, все на главу мою
Обрушилося вдруг... Что я, где я? Стою,
Как путник, молнией постигнутый в пустыне,
И все передо мной затмилося! И ныне
Я новым для меня желанием томим:
Желаю славы я, чтоб именем моим
Твой слух был поражен всечасно, чтоб ты мною
Окружена была, чтоб громкою молвою
Все, все вокруг тебя звучало обо мне,
Чтоб, гласу верному внимая в тишине,

The memory of how I begged you in that garden
The night we parted and I knew your heart was hardened.

* * *

— What are the trumps? — It's hearts. — My turn.
— I'll beat this. — I need time to mourn…
— My trick. — We're taking a huge beating!
— Hey, Death, I say, you must be cheating!
— Shut up! You're too unskilled at living
To catch me. Look at it my way:
Who plays to win when we are given
Eternity to while away.

Ты помнила мои последние моленья
В саду, во тьме ночной, в минуту разлученья.

1825

***

— Что козырь? — Черви. — Мне ходить.
— Я бью. — Нельзя ли погодить?
— Беру. — Кругом нас обыграла!
— Эй, смерть! Ты, право, сплутовала.
— Молчи! ты глуп и молоденек.
Уж не тебе меня ловить.
Ведь мы играем не из денег,
А только б вечность проводить!

CONFESSION

I love you, though it makes me mad,
It's an embarrassment, it's torture,
A stupid labor, a misfortune —
And yet I'm at your feet. Take that.
Ridiculous and unbecoming.
I really should know better, but
I recognize the signs: it's coming
On like a sickness in my gut.
Without you I am bored, I'm yawning;
With you I'm desperately blue;
And barely holding back the yearning
To say: my angel, I love you!
Each time I hear you in my parlor,
Your steps so light, your rustling dress,
Your voice so innocently charming,
All of a sudden I'm a mess.
You smile — I feel like celebrating;
You turn away — and I could die;
In pain I spend the whole day waiting
To feel your pale hand touching mine.
And when, so diligently casual,
Over your needlework you bend,
It's such a tender, silent pleasure
To watch and hope it never ends.
And oh, how desperately jealous
You make me when you're up and gone
On rainy days sometimes, as well as
On sunny ones, to walk alone.

1826

Признание

Я вас люблю, — хоть я бешусь,
Хоть это труд и стыд напрасный,
И в этой глупости несчастной
У ваших ног я признаюсь!
Мне не к лицу и не по летам...
Пора, пора мне быть умней!
Но узнаю по всем приметам
Болезнь любви в душе моей:
Без вас мне скучно, — я зеваю;
При вас мне грустно, — я терплю;
И, мочи нет, сказать желаю,
Мой ангел, как я вас люблю!
Когда я слышу из гостиной
Ваш легкий шаг, иль платья шум,
Иль голос девственный, невинный,
Я вдруг теряю весь свой ум.
Вы улыбнетесь, — мне отрада;
Вы отвернетесь, — мне тоска;
За день мучения — награда
Мне ваша бледная рука.
Когда за пяльцами прилежно
Сидите вы, склонясь небрежно,
Глаза и кудри опустя, —
Я в умиленьи, молча, нежно
Любуюсь вами, как дитя!..
Сказать ли вам мое несчастье,
Мою ревнивую печаль,
Когда гулять, порой, в ненастье,

And then you hide to do some crying,
Or else we simply sit and chat,
Or ride to town, or stay home trying
To play the piano for the cat.
Take pity on me, my Alina.
I am not worthy of your love:
Why should you grant it to a sinner,
When you're an angel from above?
At least pretend! A look would help:
I'm sure I'd have understood it,
'Cause I'm so easily deluded:
I'm happy to delude myself.

1826

Вы собираетеся в даль?
И ваши слезы в одиночку,
И речи в уголку вдвоем,
И путешествия в Опочку,
И фортепьяно вечерком?..
Алина! сжальтесь надо мною.
Не смею требовать любви.
Быть может, за грехи мои,
Мой ангел, я любви не стою!
Но притворитесь! Этот взгляд
Все может выразить так чудно!
Ах, обмануть меня не трудно!..
Я сам обманываться рад!

* * *

Way down in deep Siberian mines
Hold on to dignity and patience:
They weren't in vain, your grand designs,
And neither are your tribulations.

Misfortune's loyal sister, hope
Lives on in caves of deadly quiet.
The day you long for will roll by yet,
Meanwhile, take heart, cheer up and cope.

Just as my free voice reaches you
Inside your catacombs of torture,
So one day, past your gloomy watchers,
Will amity and love break through.

When shackles break like lightweight cords
And prisons everywhere are razed, you
Will walk, and freedom will embrace you,
And brothers will return your swords.

1827

* * *

Во глубине сибирских руд
Храните гордое терпенье,
Не пропадет ваш скорбный труд
И дум высокое стремленье.

Несчастью верная сестра,
Надежда в мрачном подземелье
Разбудит бодрость и веселье,
Придет желанная пора:

Любовь и дружество до вас
Дойдут сквозь мрачные затворы,
Как в ваши каторжные норы
Доходит мой свободный глас.

Оковы тяжкие падут,
Темницы рухнут — и свобода
Вас примет радостно у входа,
И братья меч вам отдадут.

ARION

We were so many on the boat;
Some kept the sail in constant tension
For others, oars were the extension
Of mighty arms. And while they rowed,
Our helmsman, silent and unruffled,
Leaned on the rudder as he steered
The heavy boat. I had no fear:
I sang to bring the sailors cheer.
But then the sea's sleek surface crumpled:
A squall attacked, and all were dead:
The rowers and the helmsman. Yet
The storm has spared the mystic singer.
Ashore, I sing the same old psalms
And dry my vestment on a palm
As in the kindly sun I linger.

1827

Арион

Нас было много на челне;
Иные парус напрягали,
Другие дружно упирали
В глубь мощны веслы. В тишине
На руль склонясь, наш кормщик умный
В молчанье правил грузный челн;
А я — беспечной веры полн, —
Пловцам я пел... Вдруг лоно волн
Измял с налету вихорь шумный...
Погиб и кормщик и пловец! —
Лишь я, таинственный певец,
На берег выброшен грозою,
Я гимны прежние пою
И ризу влажную мою
Сушу на солнце под скалою.

THE POISON ARROW TREE

A sentinel of its grim world,
It rises from the arid desert,
The poison arrow tree—a churl,
A loner, desolate and weathered.

The thirsty plain that gave it birth
Reluctantly, convulsed in anger,
Fed it the poison of its earth.
Death filled the roots that kept it anchored.

The poison seeping through its bark
At midday, melted by the swelter,
Turns into resin in the dark.
In this rich juice, the branches welter.

Birds know they shouldn't land on it.
Even the tigers fear and hate it.
The black winds parched by desert heat
Are by its touch contaminated.

And if a cloud strays from its path
To touch its dusty leaves with water,
The sewage from the death tree's bath
Drips toxic on the desert's blotter.

And yet a man arrived one day
To do another's wilful bidding.

1828

Анчар

В пустыне чахлой и скупой,
На почве, зноем раскаленной,
Анчар, как грозный часовой,
Стоит — один во всей вселенной.

Природа жаждущих степей
Его в день гнева породила,
И зелень мертвую ветвей
И корни ядом напоила.

Яд каплет сквозь его кору,
К полудню растопясь от зною,
И застывает ввечеру
Густой прозрачною смолою.

К нему и птица не летит,
И тигр нейдет — лишь вихорь черный
На древо смерти набежит
И мчится прочь, уже тлетворный.

И если туча оросит,
Блуждая, лист его дремучий,
С его ветвей, уж ядовит,
Стекает дождь в песок горючий.

Но человека человек
Послал к анчару властным взглядом,

His lord had sent him on his way
To bring the poison back by midday.

Some wilted leaves, a withered branch,
The deadly resin he delivered.
He couldn't stand up straight. He blanched,
And sweat ran down his face in rivers.

As ordered, he delivered it
And dropped down spent on his thin mattress.
The slave's life ended at the feet
Of his unsparing, warlike master.

And then the poison did its work
For the invincible king's legions:
They dipped in it their faithful dirks
And carried death to hostile regions.

И тот послушно в путь потек
И к утру возвратился с ядом.

Принес он смертную смолу
Да ветвь с увядшими листами,
И пот по бледному челу
Струился хладными ручьями;

Принес — и ослабел и лег
Под сводом шалаша на лыки,
И умер бедный раб у ног
Непобедимого владыки.

А царь тем ядом напитал
Свои послушливые стрелы
И с ними гибель разослал
К соседям в чуждые пределы.

THE FLOWER

A dried-up flower, crushed and scentless,
Forgotten in a book I see,
And questions, aimless yet relentless,
Fill up my mind and trouble me.

Where did it blossom? In what season?
How long, I wonder, did it bloom?
Was it slipped in here for a reason?
And could I ever guess, by whom?

Was it a keepsake of a parting
Or a memento of a tryst?
Was it perhaps just picked in passing
On some lone walk through shade and mist?

Is he alive, is she still living?
And where do they abide today?
Was time to them as unforgiving
And did they also wilt away?

1828

ЦВЕТОК

Цветок засохший, безуханный,
Забытый в книге вижу я;
И вот уже мечтою странной
Душа наполнилась моя:

Где цвел? когда? какой весною?
И долго ль цвел? и сорван кем,
Чужой, знакомой ли рукою?
И положен сюда зачем?

На память нежного ль свиданья,
Или разлуки роковой,
Иль одинокого гулянья
В тиши полей, в тени лесной?

И жив ли тот, и та жива ли?
И нынче где их уголок?
Или уже они увяли,
Как сей неведомый цветок?

* * *

May 26, 1828

A donation with no meaning,
Life, why were you given me?
Why, by fortune's covert scheming,
Should I one day cease to be?

Who invoked a hostile power
Me from nothingness to raise,
With a brain by doubt devoured
And a soul with lust ablaze?

With no challenges to vanquish,
And a heart that finds no voice.
All I'm left with is the anguish,
Life's monotonous white noise.

1828

* * *

28 мая 1828

Дар напрасный, дар случайный,
Жизнь, зачем ты мне дана?
Иль зачем судьбою тайной
Ты на казнь осуждена?

Кто меня враждебной властью
Из ничтожества воззвал,
Душу мне наполнил страстью,
Ум сомненьем взволновал?..

Цели нет передо мною:
Сердце пусто, празден ум,
И томит меня тоскою
Однозвучный жизни шум.

MEMORY

 When for you mortals the day's noise dies down at last
And silent cities are accorded
The half-translucent shade that night can cast
And with a nap at last rewarded,
For me the hours drag on; I cannot get to sleep
Nor summon up the will for action.
The snake inside my heart is biting deep,
And deeper burns the disaffection.
Dreams bubble up, and in my anguished mind,
The darkest thoughts fight for attention,
And memory commences to unwind
Its endless scroll. Beyond redemption
My life I find as I peruse the lines
That in disgusting detail trace it.
This tortured reader curses, shakes and whines—
But he's not tempted to erase it.

ВОСПОМИНАНИЕ

Когда для смертного умолкнет шумный день,
И на немые стогны града
Полупрозрачная наляжет ночи тень
И сон, дневных трудов награда,
В то время для меня влачатся в тишине
Часы томительного бденья:
В бездействии ночном живей горят во мне
Змеи сердечной угрызенья;
Мечты кипят; в уме, подавленном тоской,
Теснится тяжких дум избыток;
Воспоминание безмолвно предо мной
Свой длинный развивает свиток;
И с отвращением читая жизнь мою,
Я трепещу и проклинаю,
И горько жалуюсь, и горько слезы лью,
Но строк печальных не смываю.

THE BOOTMAKER
(a parable)

A bootmaker once scrutinized a painting
And pointed out a shoe was done all wrong.
The artist fixed it, but he kept complaining.
Hands proudly on his waist, he came on strong:
"I think the face came out a little twisted…
And isn't that a little too much breast?"
The painter's patience soon ran out. He bristled:
"Don't judge above the boot, that would be best."

There is this friend of mine — he may be good at something,
Though I suspect it's mostly as chest-thumping —
He's always getting into hot disputes
And judging everything by way of verbal dumping.
He ought to try his judgment out on boots.

1829

Сапожник
(притча)

Картину раз высматривал сапожник
И в обуви ошибку указал;
Взяв тотчас кисть, исправился художник.
Вот, подбочась, сапожник продолжал:
«Мне кажется, лицо немного криво...
А эта грудь не слишком ли нага?»...
Тут Апеллес прервал нетерпеливо:
«Суди, дружок, не свыше сапога!»

Есть у меня приятель на примете:
Не ведаю, в каком бы он предмете
Был знатоком, хоть строг он на словах,
Но черт его несет судить о свете:
Попробуй он судить о сапогах!

* * *

I loved you once, and possibly, the feeling
Still smolders like an ember in my soul—
But think of it no more: I'm not revealing
This so you might feel sad. No, not at all.
I loved you hopelessly and hid what needed saying,
At turns consumed by jealousy and shy.
I loved so tenderly and deeply; now I'm praying
Another may once feel the same as I.

* * *

The hills of Georgia lie beneath the mist of night.
Down at my feet, the river chatters.
I'm sad but not in pain. My melancholy's light:
You fill it, and you make it better.
Yes, it is full of you, my misery,
Of you alone, uninterrupted.
My heart's alight again. It's obvious to me:
The love in it can't be corrupted.

1829

* * *

Я вас любил: любовь еще, быть может,
В душе моей угасла не совсем;
Но пусть она вас больше не тревожит;
Я не хочу печалить вас ничем.
Я вас любил безмолвно, безнадежно,
То робостью, то ревностью томим;
Я вас любил так искренно, так нежно,
Как дай вам Бог любимой быть другим.

* * *

На холмах Грузии лежит ночная мгла;
Шумит Арагва предо мною.
Мне грустно и легко; печаль моя светла;
Печаль моя полна тобою,
Тобой, одной тобой... Унынья моего
Ничто не мучит, не тревожит,
И сердце вновь горит и любит — оттого,
Что не любить оно не может.

(November 2)

In winter, what are we to do out in the country?
A servant who arrives with something from the pantry
Gets questioned: Is it warm? And has the snowstorm stopped?
Should I get out of bed, or has so much snow dropped
That riding is a chore, and so my friend's old journals
Are to be read till lunch? The prospect is infernal...
Thank God, the snow is good for tracking, so we rise
And trot across the field as daybreak tints the skies,
Armed with our quirts, dogs following behind us.
The tracks on the pale snow are good enough to find us,
But no one else, it seems. We circle, strain our eyes.
Two hares by afternoon, the whole day's fitting prize.
We're home. It's getting dark. Outside, the wind is moaning.
The candlelight is dim. Constrained, my heart is groaning.
The poison of ennui I swallow by the drop.
My eyes slide down a novel's page and never stop.
My thoughts are far away... So much for reading.
So I pick up my pen, but that feels like force-feeding:
My drowsy muse lets random words land on the page.
They sound discordant. I am fully disengaged
From Rhyme, who's been my ever so erratic servant.
The verses crawl, contorting like cold-blooded serpents.
Fatigued, I forfeit this failed lyric fight. I walk
Into the parlor, just to hear exciting talk
Of an election coming up, of sugar prices.
The hostess wears a painful frown, as though the ice is
Not only forming on the eaves but in her eyes.
In her deft hands, the knitting needles mesmerize.

1829

(2 ноября)

Зима. Что делать нам в деревне? Я встречаю
Слугу, несущего мне утром чашку чаю,
Вопросами: тепло ль? утихла ли метель?
Пороша есть иль нет? и можно ли постель
Покинуть для седла, иль лучше до обеда
Возиться с старыми журналами соседа?
Пороша. Мы встаем, и тотчас на коня,
И рысью по полю при первом свете дня;
Арапники в руках, собаки вслед за нами;
Глядим на бледный снег прилежными глазами;
Кружимся, рыскаем и поздней уж порой,
Двух зайцев протравив, являемся домой.
Куда как весело! Вот вечер: вьюга воет;
Свеча темно горит; стесняясь, сердце ноет;
По капле, медленно глотаю скуки яд.
Читать хочу; глаза над буквами скользят,
А мысли далеко... Я книгу закрываю;
Беру перо, сижу; насильно вырываю
У музы дремлющей несвязные слова.
Ко звуку звук нейдет... Теряю все права
Над рифмой, над моей прислужницею странной:
Стих вяло тянется, холодный и туманный.
Усталый, с лирою я прекращаю спор,
Иду в гостиную; там слышу разговор
О близких выборах, о сахарном заводе;
Хозяйка хмурится в подобие погоде,
Стальными спицами проворно шевеля,
Иль про червонного гадает короля.

The boredom of it all! Days flow in slow progression.
And then, a miracle, a break in my depression:
I'm playing checkers in a corner when a sleigh
Pulls up. Farewell, another boring winter day!
The sudden guests are an old lady and two maidens,
Two sisters, lissom, with their long blonde curls cascading
Down to the waist. The dreary countryside's alive
Now that they're here. Now I know I shall survive.
A glance or two at first, all seemingly in passing,
Then a few friendly words, and then we're talking, laughing.
We graduate to singing harmony at dusk
And waltzing briskly in the parlor. And we bask
In the quick intimacy of our conversations,
Of our slow brushes on a staircase, our temptations.
At sunset, a young girl comes out onto the porch.
She wears no coat, her neck is bare, her face is scorched
By a harsh snowstorm. But a Russian rose is hardened
Against such things. It's cold; our kisses are so ardent.
A Russian maiden is so fresh amid the snows!

Тоска! Так день за днем идет в уединенье!
Но если под вечер в печальное селенье,
Когда за шашками сижу я в уголке,
Приедет издали в кибитке иль возке
Нежданная семья: старушка, две девицы
(Две белокурые, две стройные сестрицы), —
Как оживляется глухая сторона!
Как жизнь, о боже мой, становится полна!
Сначала косвенно-внимательные взоры,
Потом слов несколько, потом и разговоры,
А там и дружный смех, и песни вечерком,
И вальсы резвые, и шепот за столом,
И взоры томные, и ветреные речи,
На узкой лестнице замедленные встречи;
И дева в сумерки выходит на крыльцо:
Открыты шея, грудь, и вьюга ей в лицо!
Но бури севера не вредны русской розе.
Как жарко поцелуй пылает на морозе!
Как дева русская свежа в пыли снегов!

1829

рус

TO THE POET

Don't worry, poet, if you make your readers happy.
They'll praise you for a day or too — it's only noise.
You'll hear a fool's critique, the public's nasty yapping —
Stay firm, keep calm and always keep your poise.

You rule the world. Keep to yourself, and freely
Go where your free mind takes you — to perfect
The welcome fruit of your reflection; to reject
The world's rewards for your pursuit of noble feeling.

They are within you. You alone are your best judge.
You have no reason to hold back, no need to fudge.
Well, are you satisfied with it, demanding artist?

You are? So let the rabble scoff at it.
So what if on your holy altar they must spit?
They are but kids — so let them think they are the smartest.

Поэту

Поэт! не дорожи любовию народной.
Восторженных похвал пройдет минутный шум;
Услышишь суд глупца и смех толпы холодной,
Но ты останься тверд, спокоен и угрюм.

Ты царь: живи один. Дорогою свободной
Иди, куда влечет тебя свободный ум,
Усовершенствуя плоды любимых дум,
Не требуя наград за подвиг благородный.

Они в самом тебе. Ты сам свой высший суд;
Всех строже оценить умеешь ты свой труд.
Ты им доволен ли, взыскательный художник?

Доволен? Так пускай толпа его бранит
И плюет на алтарь, где твой огонь горит,
И в детской резвости колеблет твой треножник.

AN ELEGY

My years of crazy partying are over.
Their memory is just a faint hangover.
Yet, like old wine, the pain of bygone days
Gets ever stronger; in my soul it stays.
My path is desolate. It's full of toil and sorrow,
The leaden, choppy sea of my tomorrow.

And yet, my friends, I do not wish to die,
I want to live, to meditate, to cry.
I trust some simple pleasures will be due me
Amid the cares and hardships that pursue me:
There will be harmony to relish yet again
And tales to make my tears run down like rain.
And at the end, with daylight growing dimmer,
Love's farewell smile, perhaps, will briefly glimmer.

ЭЛЕГИЯ

Безумных лет угасшее веселье
Мне тяжело, как смутное похмелье.
Но, как вино — печаль минувших дней
В моей душе чем старе, тем сильней.
Мой путь уныл. Сулит мне труд и горе
Грядущего волнуемое море.

Но не хочу, о други, умирать;
Я жить хочу, чтоб мыслить и страдать;
И ведаю, мне будут наслажденья
Меж горестей, забот и треволненья:
Порой опять гармонией упьюсь,
Над вымыслом слезами обольюсь,
И может быть — на мой закат печальный
Блеснет любовь улыбкою прощальной.

* * *

What's in my name for you? It will
Die, like a mournful splash of water
Against a distant shore, a flutter
Of sound that breaks the nighttime still.

A lifeless scrawl on mem'ry's page,
It will remain — a valediction,
An untranslatable inscription
Upon a headstone smoothed by age.

What's in it? Nothing you'll recall;
I don't expect it to engender
Within your ever-shifting soul
A memory both pure and tender.

But speak it wistfully when grief
Turns all your treasures into embers.
Say, "There's a heart in which I live,
There's someone somewhere who remembers."

1830

* * *

Что в имени тебе моем?
Оно умрет, как шум печальный
Волны, плеснувшей в берег дальный,
Как звук ночной в лесу глухом.

Оно на памятном листке
Оставит мертвый след, подобный
Узору надписи надгробной
На непонятном языке.

Что в нем? Забытое давно
В волненьях новых и мятежных,
Твоей душе не даст оно
Воспоминаний чистых, нежных.

Но в день печали, в тишине,
Произнеси его тоскуя;
Скажи: есть память обо мне,
Есть в мире сердце, где живу я...

Demons

Shadows racing, shadows curling,
And, invisible, the moon
Lights the snow cascading, whirling,
Weaving me a dense cocoon.
Jingle, jingle, goes the sleigh bell
As I cross this endless field
Fearful, fearful it's my death knell
On this plain in whiteness sealed.

"Faster, coachman!" — "No can do, sir,
Snow has glued my eyelids shut,
And the nags are struggling too, sir,
There's no road, no trail, no rut.
I've no clue where we are heading,
We are lost and nowhere bound.
Got to be a demon leading
Us in circles, round and round.

There he is, the bastard, clowning
Over yonder, spitting snow.
Horses going wild, we're drowning
Where he's forcing us to go.
Making out like he's a waypost
Sticking out where none should be,
Sending sparks up so we almost
Crash into a hidden tree."

1830

БЕСЫ

Мчатся тучи, вьются тучи;
Невидимкою луна
Освещает снег летучий;
Мутно небо, ночь мутна.
Еду, еду в чистом поле;
Колокольчик дин-дин-дин...
Страшно, страшно поневоле
Средь неведомых равнин!

«Эй, пошел, ямщик!..» — «Нет мочи:
Коням, барин, тяжело;
Вьюга мне слипает очи;
Все дороги занесло;
Хоть убей, следа не видно;
Сбились мы. Что делать нам!
В поле бес нас водит, видно,
Да кружит по сторонам.

Посмотри: вон, вон играет,
Дует, плюет на меня;
Вон — теперь в овраг толкает
Одичалого коня;
Там верстою небывалой
Он торчал передо мной;
Там сверкнул он искрой малой
И пропал во тьме пустой».

Shadows racing, shadows curling,
And, invisible, the moon
Lights the snow cascading, whirling,
Weaving me a dense cocoon.
Suddenly the circling's over,
Silent goes the useless bell.
Horses, tired of going nowhere,
Freeze. "Is it a wolf they smell?"

Snowstorm raging, snowstorm wailing,
Horses nickering in fear.
There it goes through snowdrifts sailing,
Eyes are glowing, passing near.
Racing once again through darkness,
Jingle, jingle, goes the bell.
Spirits gather in the starless
Night above this whitened hell.

Countless, shapeless in the moonglow,
Dancing, whirling in the murk,
Gangs of devils gamely follow
Us through gloom where others lurk.
They're so many! What's their purpose?
What's that mournful song they sing?
Do they bear a goblin's carcass
Or a witch's wedding ring?

Shadows racing, shadows curling,
And, invisible, the moon
Lights the snow cascading, whirling,
Weaving me a dense cocoon.
Flying multitudes of devils,
Through the boundless sky they dart,
Screaming, moaning as they revel,
Ripping, tearing at my heart.

Мчатся тучи, вьются тучи;
Невидимкою луна
Освещает снег летучий;
Мутно небо, ночь мутна.
Сил нам нет кружиться доле;
Колокольчик вдруг умолк;
Кони стали... «Что там в поле?» —
«Кто их знает? пень иль волк?»

Вьюга злится, вьюга плачет;
Кони чуткие храпят;
Вот уж он далече скачет;
Лишь глаза во мгле горят;
Кони снова понеслися;
Колокольчик дин-дин-дин...
Вижу: духи собралися
Средь белеющих равнин.

Бесконечны, безобразны,
В мутной месяца игре
Закружились бесы разны,
Будто листья в ноябре...
Сколько их! куда их гонят?
Что так жалобно поют?
Домового ли хоронят,
Ведьму ль замуж выдают?

Мчатся тучи, вьются тучи;
Невидимкою луна
Освещает снег летучий;
Мутно небо, ночь мутна.
Мчатся бесы рой за роем
В беспредельной вышине,
Визгом жалобным и воем
Надрывая сердце мне...

1830

рус

A POEM WRITTEN AT NIGHT DURING A BOUT OF INSOMNIA

Sleep won't come. The fire is out.
All is gloom and drowsy boredom
Tick tock goes the clock, a cordon
Of monotony. So loud
Fate's incessant lisping natter,
Living's futile mouse-like patter,
Night is stirring in its sleep
Why, pray tell, does all this keep
Me awake? And is this whisper
A reproach, the final whimper
Of a day I'm letting slip
By? What's this I hear you say?
Will I soon be on my way?
I just want to understand
What you mean and where I stand.

СТИХИ, СОЧИНЕННЫЕ НОЧЬЮ
ВО ВРЕМЯ БЕССОННИЦЫ

Мне не спится, нет огня;
Всюду мрак и сон докучный.
Ход часов лишь однозвучный
Раздается близ меня,
Парки бабье лепетанье,
Спящей ночи трепетанье,
Жизни мышья беготня...
Что тревожишь ты меня?
Что ты значишь, скучный шепот?
Укоризна, или ропот
Мной утраченного дня?
От меня чего ты хочешь?
Ты зовешь или пророчишь?
Я понять тебя хочу,
Смысла я в тебе ищу...

* * *

There's precious little fun for me in rowdy pleasures,
In sensual delights, in ecstasy unmeasured,
In a young pleasure-seeker's moans and cries.
Snakelike and sinuous, in my embrace she'll writhe,
Her kisses bruising as she's trying ever harder
To hasten both of us towards the final shudder.

My shy one, all those tricks are nothing next to you:
I take both happiness and torture as my due,
When, swayed at last by my entreaties, you surrender,
Without intensity and ardor, coolly tender
And bashfully detached. By now completely rapt,
I try my best, but no, your passion is untapped.
Then gradually your excitement starts to tingle
Until, reluctantly, your fire with mine commingles.

1831

* * *

Нет, я не дорожу мятежным наслажденьем,
Восторгом чувственным, безумством, исступленьем,
Стенаньем, криками вакханки молодой,
Когда, виясь в моих объятиях змией,
Порывом пылких ласк и язвою лобзаний
Она торопит миг последних содроганий!

О, как милее ты, смиренница моя!
О, как мучительно тобою счастлив я,
Когда, склоняяся на долгие моленья,
Ты предаешься мне нежна без упоенья,
Стыдливо-холодна, восторгу моему
Едва ответствуешь, не внемлешь ничему
И оживляешься потом все боле, боле —
И делишь наконец мой пламень поневоле!

* * *

So we pressed on ahead, and I was seized by fear.
One cloven foot aloft, a demon kid was turning
A spit. On it impaled, a banker hung just clear
Of hell's eternal flames. The banker's skin was burning
And bubbling up in boils. Fat dripped into a vat.
The man was almost baked. I asked, "So what's the learning?"

And Virgil told me, "Son, this punishment makes sense.
All this old geezer ever lusted for was money,
So sucking out his debtors' fat was his offense.
He, too, once turned the spit to keep the juices running."
The roasting sinner moaned and then commenced
To plead for a commuted sentence: drowning

In a cold river, or a freezing winter rain.
"The rate's exorbitant, you're charging me unfairly!"
But all the banker's fevered pleading was in vain:
He popped and burst. I stepped away, just barely.
The stench—it could have driven me insane:
Bad eggs or burning sulfur—hit me squarely

On my poor nose. I held it, turned my face away,
But my wise guide did not intend for us to dwell there.
A stone hatch door, a ring of copper —come what may,
We pulled it up and took the stairs down to a cellar.

1832

* * *

И дале мы пошли — и страх обнял меня.
Бесенок, под себя поджав свое копыто,
Крутил ростовщика у адского огня.
Горячий капал жир в копченое корыто,
И лопал на огне печеный ростовщик.
А я: «Поведай мне: в сей казни что сокрыто?»

Виргилий мне: «Мой сын, сей казни смысл велик:
Одно стяжание имев всегда в предмете,
Жир должников своих сосал сей злой старик
И их безжалостно крутил на вашем свете.»
Тут грешник жареный протяжно возопил:
«О, если б я теперь тонул в холодной Лете!

О, если б зимний дождь мне кожу остудил!
Сто на сто я терплю: процент неимоверный!» —
Тут звучно лопнул он — я взоры потупил.
Тогда услышал я (о диво!) запах скверный,
Как будто тухлое разбилось яйцо,
Иль карантинный страж курил жаровней серной.

Я, нос себе зажав, отворотил лицо.
Но мудрый вождь тащил меня все дале, дале —
И, камень приподняв за медное кольцо,
Сошли мы вниз — и я узрел себя в подвале.

* * *

I hope I never go insane.
I'd rather wander with a cane,
I'd rather work for food.
I'm not enamored of my mind,
And as for leaving it behind —
I rather think I could.

If I were left to roam unchained,
To sing completely unrestrained,
I'd take it to extremes:
I'd run headlong into the woods,
I'd gladly trade all earthly goods
For fevered, wondrous dreams.

I'd listen to the waves for days,
Into the empty skies I'd gaze,
My joy would never cease.
So powerful, so free I'd feel,
A tempest tearing through the fields,
A storm uprooting trees.

But no — the day your mind grows vague,
They start to fear you like the plague
And put you under lock
And key, a fool who strains his chain
And rattles iron bars in vain
As jailers taunt and mock.

1833

* * *

Не дай мне бог сойти с ума.
Нет, легче посох и сума;
Нет, легче труд и глад.
Не то, чтоб разумом моим
Я дорожил; не то, чтоб с ним
Расстаться был не рад:

Когда б оставили меня
На воле, как бы резво я
Пустился в темный лес!
Я пел бы в пламенном бреду,
Я забывался бы в чаду
Нестройных, чудных грез.

И я б заслушивался волн,
И я глядел бы, счастья полн,
В пустые небеса;
И силен, волен был бы я,
Как вихорь, роющий поля,
Ломающий леса.

Да вот беда: сойди с ума,
И страшен будешь как чума,
Как раз тебя запрут,
Посадят на цепь дурака
И сквозь решетку как зверка
Дразнить тебя придут.

It's not the nightingale I'd hear
At night, but screams of pain and fear,
My fellow inmates' groans,
And not an oakwood's muffled sighs
But guards' obscenities, and cries,
And shackles' clanging tones.

* * *

It's time, my friend, it's time! A drained heart craves some leisure:
Days follow days. Each one cuts off a measure
From our time here on earth. And just when you and I
Are full of plans for life, we could just up and die.
There is no happiness, but there are peace and freedom.
I've pondered long and hard and realized I need 'em,
So for some time this slave has plotted his escape
To a remote abode by love and labor shaped.

А ночью слышать буду я
Не голос яркий соловья,
Не шум глухой дубров —
А крик товарищей моих,
Да брань смотрителей ночных,
Да визг, да звон оков.

1833

рус

* * *

1834

Пора, мой друг, пора! покоя сердце просит —
Летят за днями дни, и каждый час уносит
Частичку бытия, а мы с тобой вдвоем
Предполагаем жить, и глядь — как раз — умрем.
На свете счастья нет, но есть покой и воля.
Давно завидная мечтается мне доля —
Давно, усталый раб, замыслил я побег
В обитель дальную трудов и чистых нег.

THE STORMCLOUD

The storm has blown over but somehow you lingered,
In skies of bright cobalt, you're flying unhindered,
Alone but still able a shadow to cast
And darken a bright day with grievances past.

A short time ago, you lay siege to the ether
And bolts of your lightning flew hither and thither,
You bellowed with thunder, mysterious and slow,
And quenched the deep thirst of the valleys below.

Enough, your time's up now, so go into hiding,
The soil is refreshed, and the breeze that you're riding
Caresses so gently the tops of the trees
And speeds you along so you leave us in peace.

Туча

Последняя туча рассеянной бури!
Одна ты несешься по ясной лазури,
Одна ты наводишь унылую тень,
Одна ты печалишь ликующий день.

Ты небо недавно кругом облегала,
И молния грозно тебя обвивала;
И ты издавала таинственный гром
И алчную землю поила дождем.

Довольно, сокройся! Пора миновалась,
Земля освежилась, и буря промчалась,
И ветер, лаская листочки древес,
Тебя с успокоенных гонит небес.

(AFTER PINDEMONTE)

Those fabled liberties that hotheads love so much —
They are but noise to me. The gods denied me such
Sweet privileges as disputing the excises
Or hindering the kings' pursuit of martial prizes.
I'm not thus blessed, and I don't complain. No less
Indifferent I am to making sure the press
Is free to fool the dumb. So what if watchful censors
Mess with the mockery of magazine dissenters?
It's *words, words, words**, you see. Another kind
Of liberty and rights than these I have in mind.
I'd like a destiny less boring and less feeble
Than to depend on kings or, likewise, on the people.
Peace be with all of them. I'd rather answer to
None but myself.
                Now that would be a coup —
To serve myself alone. No uniform, no office
To tempt me so I'd bow and scrape and lie for bosses.
To wander high and low, exactly as I please,
To marvel at the sights God made and hug the trees,
To tremble joyfully in awe and adoration
Before creations of man's skill and inspiration —
That's bliss! I stand for that.

* Pushkin marked this as a quote from Hamlet.

1836

(Из Пиндемонти)

Не дорого ценю я громкие права,
От коих не одна кружится голова.
Я не ропщу о том, что отказали боги
Мне в сладкой участи оспоривать налоги,
Или мешать царям друг с другом воевать;
И мало горя мне, свободно ли печать
Морочит олухов, иль чуткая цензура
В журнальных замыслах стесняет балагура.
Все это, видите ль, *слова, слова, слова*.*
Иные, лучшие, мне дороги права;
Иная, лучшая, потребна мне свобода:
Зависеть от царя, зависеть от народа —
Не все ли нам равно? Бог с ними.
                                        Никому
Отчета не давать, себе лишь самому
Служить и угождать; для власти, для ливреи
Не гнуть ни совести, ни помыслов, ни шеи;
По прихоти своей скитаться здесь и там,
Дивясь божественным природы красотам,
И пред созданьями искусств и вдохновенья
Трепеща радостно в восторгах умиленья.
Вот счастье! вот права...

* Hamlet (прим. А. С. Пушкина)

TRASLATOR'S NOTE

Pushkin had rotten luck. The Russian state claimed him as its property during his lifetime, and it has never relaxed its grip since. He was immortalized, used and abused by an endless parade of ideologies, rammed down schoolchildren's throats.

Even the most enlightened translators, no matter how far removed from official Russian narratives, had a hard time ignoring Pushkin's status as expensive state property, part of the so-called Great Russian Culture. The GRC forces an archaic, dogmatic style upon a translator.

No wonder, then, that anglophones rarely get what makes Pushkin so great. With a shrug, they write off their indifference to the impossibility of translating a cultural context in its entirety.

I began translating Pushkin so my English-speaking friends could hear my favorite poems the way I hear and feel them. To that end, I had to exhume them from the GRC grave and re-read them as rock lyrics or rap flow with few highbrow or obsolete words. I wanted people who speak Russian as a second language or not at all to hear the same music — a music that's alive, honest, improvisational — that Pushkin plays to me.

This has been a strictly personal exercise from the start, so I don't apologize for the liberties taken, and especially not to the GRC, which I've hated since I was a kid in every form, whether made for export or for domestic consumption. The translations offered here are not flowers laid at the foot of a monument. Rather, they are samples in a soundtrack that never stops playing in my head.

Leonid Bershidsky
Berlin, 2024

От переводчика

Пушкину не повезло. Российское государство объявило его своей собственностью еще при жизни и с тех пор не отдавало. Он был увековечен, использован всеми сменявшими друг друга идеологиями, затолкан в глотку школьникам.

Даже самым просвещенным и далеким от русского официоза переводчикам всегда было трудно игнорировать статус Пушкина как дорогой госсобственности, части так называемой Великой Русской Культуры. ВРК требует от переводчика архаики и догматизма. Вот англофоны и не понимают, что в Пушкине хорошего. Пожимают плечами, списывают свою равнодушную реакцию на непереводимость культурного контекста.

Я начал переводить Пушкина, чтобы показать англоязычным друзьям и знакомым мои любимые стихи такими, какими их слышу и чувствую. Для этого пришлось извлечь их из гроба ВРК и перечитать как рок-тексты или рэп-речитативы, в которых почти нет сложных и устаревших слов. Я хотел, чтобы люди, для которых русский не родной, а то и незнакомый язык, услышали ту же музыку — живую, честную, не записанную ни в какой партитуре, — которую Пушкин играет мне.

Это упражнение с самого начала было сугубо личным, и потому я не извиняюсь за допущенные вольности — особенно перед ВРК, которую с детства ненавижу во всех ее изводах. Собранные здесь переводы — не цветы к подножию памятника, а, скорее, сэмплы в саундтреке, играющем в моей голове.

Леонид Бершидский

Берлин, 2024

CONTENTS

FOREWORD

    Tatiana Malkina 6

1815

    Water and Wine 12

1818

    To Chaadaev 14

1820

    The flying mountain chain of clouds

        has tailed away 16

1821

    To a Coquette 18

    The Tenth Commandment 22

    I have outlived my aspirations 24

1822

    The Prisoner 26

    A confidante of old-time sorcery 28

    To a Foreigner 30

1823

    Will you forgive me

        all my jealous dreams. 32

    I rose to sow the seeds of freedom 34

    The Wagon of Life. 36

1824–1825

    The less in love we're with a woman 38

1825

    My talisman, watch over me 40

    To *** *(I still recall the wondrous second)* 42

    The Bacchic Song. 44

    Craving Fame. 46

    — *What are the trumps? — It's hearts.*

       — *My turn.* 48

1826

    Confession *(I love you, though it makes me*

       mad). 50

1827

    Way down in deep Siberian mines 54

    Arion. 56

1828

    The Poison Arrow Tree 58

The Flower *(A dried-up flower,*

    crushed and scentless) 62

A donation with no meaning 64

Memory 66

1829

The Bootmaker *(a parable)*. 68

I loved you once,

    and possibly, the feeling 70

The hills of Georgia lie beneath

    the mist of night. 70

(Nowember 2) 72

1830

To the Poet 76

An Elegy 78

What's in my name for you? 80

Demons 82

A Poem Written at Night

    During a Bout of Insomnia 86

1831

There's precious little fun for me

    in rowdy pleasures. 88

1832

So we pressed on ahead, and I was

    seized by fear 90

1833

I hope I never go insane. 92

1834

It's time, my friend, it's time! 94

1835

The Stormcloud *(The storm has blown over*

    but somehow you lingered) 96

1836

(After Pindemonte). 98

TRANSLATOR'S NOTE

    Leonid Bershidsky 100

СОДЕРЖАНИЕ

Предисловие
  Татьяна Малкина............ 7
1815 г.
Вода и вино................. 13
1818 г.
К Чаадаеву................. 15
1820 г.
Редеет облаков летучая гряда..... 17
1821 г.
Кокетке.................... 19
Десятая заповедь.............. 23
Я пережил свои желанья........ 25
1822 г.
Узник...................... 27
*Наперсница
  волшебной старины*.......... 29
Иностранке................. 31
1823 г.
*Простишь ли мне
  ревнивые мечты*............. 33
Свободы сеятель пустынный...... 35
Телега жизни................ 37
1824–1825 г.
*Чем меньше женщину
  мы любим*.................. 39
1825 г.
Храни меня, мой талисман....... 41
К *** (*Я помню чудное мгновенье*)... 43
Вакхическая песня............ 45
*Что козырь? — Черви.
  — Мне ходить*.............. 47
Желание славы 49
1826 г.
Признание (*Я вас люблю, —
  хоть я бешусь*)............. 51
1827 г.
Во глубине сибирских руд........ 55
Арион...................... 57

1828 г.
Анчар...................... 59
Цветок (*Цветок засохший,
  безуханный*)................ 63
Дар напрасный, дар случайный.... 65
Воспоминание................ 67
1829 г.
Сапожник (*притча*)............. 69
*Я вас любил:
  любовь еще, быть может*...... 71
*На холмах Грузии лежит
  ночная мгла*................ 71
(*2 ноября*).................... 73
1830 г.
Поэту....................... 77
Элегия..................... 79
Что в имени тебе моем.......... 81
Бесы....................... 83
Стихи, сочиненные ночью
  во время бессонницы.......... 87
1831 г.
*Нет, я не дорожу мятежным
  наслажденьем*.............. 89
1832 г.
*И дале мы пошли — и страх
  обнял меня*................. 91
1833 г.
Не дай мне бог сойти с ума....... 93
1834 г.
Пора, мой друг, пора!........... 95
1835 г.
Туча (*Последняя туча
  рассеянной бури*)............. 97
1836 г.
Из Пиндемонти................ 99
От переводчика
  Леонид Бершидский.......... 101

В издательстве Freedom Letters вышли книги:

Проза

Владимир Сорокин НАСЛЕДИЕ

Дмитрий Быков VZ. ПОРТРЕТ НА ФОНЕ НАЦИИ

Дмитрий Быков ЖД

Дмитрий Быков КВАРТАЛ

Дмитрий Быков БОЛЬ/ШИНСТВО

Сергей Давыдов СПРИНГФИЛД

Алексей Макушинский ДИМИТРИЙ

Ваня Чекалов ЛЮБОВЬ

Юлий Дубов БОЛЬШАЯ ПАЙКА
Первое полное авторское издание

Юлий Дубов МЕНЬШЕЕ ЗЛО
Послесловие Дмитрия Быкова

Александр Ильянен ДОМИК НЯНИ
Предисловие Дмитрия Волчека

Игорь Наровский СМЕЮЩИЙСЯ КРАСНЫЙ

Сборник рассказов МОЛЧАНИЕ О ВОЙНЕ

Ася Михеева ГРАНИЦЫ СРЕД

Николай Йорданов НЕ ГОВОРИ МАМЕ!

Рассел Уоркинг ПОВСТАНЕЦ

Russell Working THE INSURRECTIONIST

Фёдор Курёхин ЛАНДШАФТЫ УТРАЧЕННОГО ВРЕМЕНИ

Серия «Отцы и дети»

Иван Тургенев ОТЦЫ И ДЕТИ.
Предисловие Александра Иличевского

Лев Толстой ХАДЖИ-МУРАТ. Предисловие Дмитрия Быкова

Александр Пушкин, Тарас Шевченко, Николай Карамзин, Евгений Баратынский, Михаил Лермонтов, Григорий Квитка-Основьяненко БЕДНЫЕ ВСЕ.
Предисловие Александра Архангельского

Александр Грин БЛИСТАЮЩИЙ МИР.
Предисловие Артёма Ляховича

Михаил Салтыков-Щедрин ИСТОРИЯ ОДНОГО ГОРОДА.
Предисловие Дмитрия Быкова

«Слова України»
Генрі Лайон Олді ВТОРГНЕННЯ

Генри Лайон Олди ВТОРЖЕНИЕ

Генрі Лайон Олді ДВЕРІ В ЗИМУ

Генри Лайон Олди ДВЕРЬ В ЗИМУ

Генри Лайон Олди ЧЁРНАЯ ПОЗЁМКА

Андрій Бульбенко, Марта Кайдановська
СИДИ Й ДИВИСЬ

Максим Бородін В КІНЦІ ВСІ СВІТЯТЬСЯ

Олег Ладиженський БАЛАДА СОЛДАТІВ.
Вірші воєнних часів

Олег Ладыженский БАЛЛАДА СОЛДАТ.
Стихи военных дней

Александра Крашевская
КОЛЫБЕЛЬНАЯ ПО МАРИУПОЛЮ.
Предисловие Линор Горалик

Ольга Гребенник ВОЕННЫЙ ДНЕВНИК

Андрей Краснящих БОГ ЕСТЬ +/–

Мария Галина НИНЕВИЯ
Предисловие Марка Липовецкого

Ирина Евса ДЕТИ РАХИЛИ

Александр Кабанов СЫН СНЕГОВИКА

Юрий Смирнов РЕКВИЗИТОР

Алексей Никитин ОТ ЛИЦА ОГНЯ

Сборник современной украинской поэзии
ВОЗДУШНАЯ ТРЕВОГА

Валерий Примост ШТАБНАЯ СУКА

Анатолий Стреляный ЧУЖАЯ СПЕРМА

Артём Ляхович ЛОГОВО ЗМИЕВО

Серия «Время Украины»
Татьяна Таирова УКРАИНА КАЗАЦКАЯ. В БОРЬБЕ ЗА НЕЗАВИСИМОСТЬ

Серия «Крафт»
Ксения Букша МАЛЕНЬКИЙ РАЙ

Илья Воронов ГОСПОДЬ МОЙ ИНОАГЕНТ

Михаил Сегал ГУМАННОЕ ПРОЩАНИЕ

Константин Куприянов НОВАЯ РЕАЛЬНОСТЬ

Серия «Лёгкие»
Иван Филиппов МЫШЬ

Сергей Мостовщиков, Алексей Яблоков
ЧЕРТАН И БАРРИКАД.
Записки русских подземцев

Елена Козлова ЦИФРЫ

Иван Чекалов, Василий Тарасун
БАКЛАЖАНОВЫЙ ГОРОД, или Бутылочные эпизоды

Валерий Бочков БАБЬЕ ЛЕТО

Юрий Троицкий ШАТЦ

Детская и подростковая литература
Александр Архангельский ПРАВИЛО МУРАВЧИКА

Сборник рассказов для детей 10–14 лет СЛОВО НА БУКВУ «В»

Шаши Мартынова РЕБЁНКУ ВАСИЛИЮ СНИТСЯ

Shashi Martynova BASIL THE CHILD DREAMS.
Translated by Max Nemtsov

Алексей Шеремет СЕВКА, РОМКА И ВИТТОР

Поэзия
Демьян Кудрявцев ЗОНА ПОРАЖЕНИЯ

Дмитрий Быков НОВЫЙ БРАУНИНГ

Татьяна Вольтская ТЫ ДОЖИВЁШЬ

Вера Павлова ЛИНИЯ СОПРИКОСНОВЕНИЯ

Алина Витухновская ТИХИЙ ДРОН

Евгений Клюев Я ИЗ РОССИИ. ПРОСТИ

Виталий Пуханов РОДИНА ПРИКАЖЕТ ЕСТЬ ГОВНО

Вадим Жук СЛИШКОМ ЧЁРНАЯ СОБАКА.
Дифирамб Владимира Гандельсмана

Двуязычные издания

Александр Пушкин НЕВОЛЬНЫЙ ЧИЖИК/A CAPTIVE FINCH
Перевод на английский Леонида Бершидского
Предисловие Татьяны Малкиной

КАК НАМ ЭТО ПЕРЕЖИТЬ /
HOW ARE WE MEANT TO SURVIVE THIS
Составитель Татьяна Бонч-Осмоловская

Драматургия

Светлана Петрийчук
ТУАРЕГИ. СЕМЬ ТЕКСТОВ ДЛЯ ТЕАТРА.
Предисловие Михаила Дурненкова

Сергей Давыдов ПЯТЬ ПЬЕС О СВОБОДЕ

Сборник ПЯТЬ ПЬЕС О ВОЙНЕ.
Составитель Сергей Давыдов

Литература нон-фикшн

«Новая газета-Европа» ГЛУШЬ

Людмила Штерн БРОДСКИЙ: ОСЯ, ИОСИФ, JOSEPH

Людмила Штерн ДОВЛАТОВ — ДОБРЫЙ МОЙ ПРИЯТЕЛЬ

Илья Бер, Даниил Федкевич, Н.Ч., Евгений Бунтман, Павел Солахян,
С. Т. ПРАВДА ЛИ. Послесловие Христо Грозева

Серия «Февраль/Лютий»

Андрей Мовчан ОТ ВОЙНЫ ДО ВОЙНЫ

Светлана Еремеева МЁРТВОЕ ВРЕМЯ

**** ******* У ФАШИСТОВ МАЛО КРАСКИ

Сборник эссе НОСОРОГИ В КНИЖНОЙ ЛАВКЕ

Сергей Шелин ЗАНИМАТЕЛЬНАЯ РОССИЯ. 228 ОТВЕТОВ

Серия «Кода»

Андрей Козырев ЖАР-ПТИЦА

Нина Хрущёва ХРУЩЁВ. Полная авторская версия

Серия «Версии»
Михаил Крутихин ИГРА В РЕВОЛЮЦИЮ.
Иранские агенты Кремля

Хаим Бен Яков ЧЕМОДАН, ВОКЗАЛ, ИЗРАИЛЬ.
К истории антисемитизма в СССР.
Вступительное слово Тамары Эйдельман.
Предисловие Давида Маркиша

Серия «Не убоюсь зла»
Натан Щаранский НЕ УБОЮСЬ ЗЛА

Илья Яшин СОПРОТИВЛЕНИЕ ПОЛЕЗНО

Выступления российских
политзаключённых и обвиняемых
НЕПОСЛЕДНИЕ СЛОВА

Илья Шакурский ЗАПИСКИ ИЗ ТЕМНОТЫ

Серия «Документы века»
1000 NAMES. A LIST OF POLITICAL PRISONERS IN RUSSIA

Серия «Учебники рассеянных»
Дмитрий Быков СТРАШНОЕ. ПОЭТИКА ТРИЛЛЕРА

www.ingramcontent.com/pod-product-compliance
Lightning Source LLC
Chambersburg PA
CBHW052148070526
44585CB00017B/2032